BIRDS, OWLS AND BIRDS!

A FUN ACTIVITY BOOK FOR ALL AGES

Hello!

Welcome to this super amazing book and thank you for purchasing (or, if it's a gift and you're the recipient – thanks for reading!). You'll also soon be sketching, searching and solving, because this book is virtually brimming with fun activities to complete, all with a feathered friend theme.

So grab yourself;

A ballpoint

A pencil

A rubber

A ruler

A pair of eyes (preferably your own)

...and let's begin!

ANSWERS TO PUZZLES CAN BE FOUND AT THE END OF THE BOOK!

YOUR NAME

Patrick

YOUR NAME IF YOU WERE A BIRD

Guddy

TWIN TWOO!

THERE ARE THREE SETS OF TWINS
HIDING AMONGST THE TRIPLETS.
CAN YOU SPOT THEM?

WHICH BIRD IS WHICH?

PINK ROBIN   BLUE JAY   TOUCAN

BLUE NUTHATCH   SAFFRON FINCH

WHAT'S THE BIRD?

C _ _ K _ _ I _ _

_ _ _ K P _ _ A K _ _ T

D I _ _ O _ _ _ _ V E

Y _ _ _ O _ H _ _ D

S _ _ G S _ _ _ R O _

H _ _ _ _ I N _ H M _ C _ W

R _ S E _ _ A

WE VE LEFT THE OPPOSITE SIDES OF THE COLOURING PAGES BLANK JUST IN CASE!

BIRDS OF PREY

R	H	U	N	T	T	W	B	S	P	E	E	F	E
T	B	R	E	R	P	O	W	E	R	S	E	A	R
P	H	E	A	A	I	O	S	P	R	E	Y	L	U
V	R	A	A	P	L	E	A	G	L	E	R	C	T
V	G	R	W	K	T	P	E	R	C	H	O	O	L
E	I	E	R	K	C	O	V	D	H	N	T	N	U
R	G	S	N	L	R	S	R	I	G	O	A	E	V
G	C	Y	I	L	N	A	K	S	S	F	D	U	Z
S	L	L	W	O	Z	G	I	L	T	L	E	V	P
U	U	O	L	Z	N	T	T	S	T	E	R	U	W
A	P	A	U	T	R	I	E	E	O	S	P	D	R
R	T	B	H	A	H	N	A	E	H	H	R	L	L
Y	G	O	L	O	H	T	I	H	R	O	Y	R	A
S	N	A	A	K	I	H	O	A	P	K	R	E	T

PERCH

RAPTORS

HUNT

TALONS

BEAK

POWER

VISION

PREDATORY

FLESH

HAWK

EAGLE

BUZZARD

KITE

VULTURE

FALCON

OWL

NEST

EGG

SPOT THE FEATHER
ONLY ONE FEATHER IS UNIQUE. BUT WHICH?

CLONE THE OWLS!

See if you can give the owls an identical twin!

THE LOST BIRD

Help Helen find her way home!

WRONG TURN!

FIND THE ONE

ONLY ONE OWL AND BIRD ARE UNIQUE. CAN YOU SPOT THEM?

MY BIRD  NAMES PAGE!

Jot down your favourite names - ready for when you get a new toy or pet!

Mirror
BIRDS

Mirror
BIRDS

HOME TWEET HOME

Help Timmy find his way home!

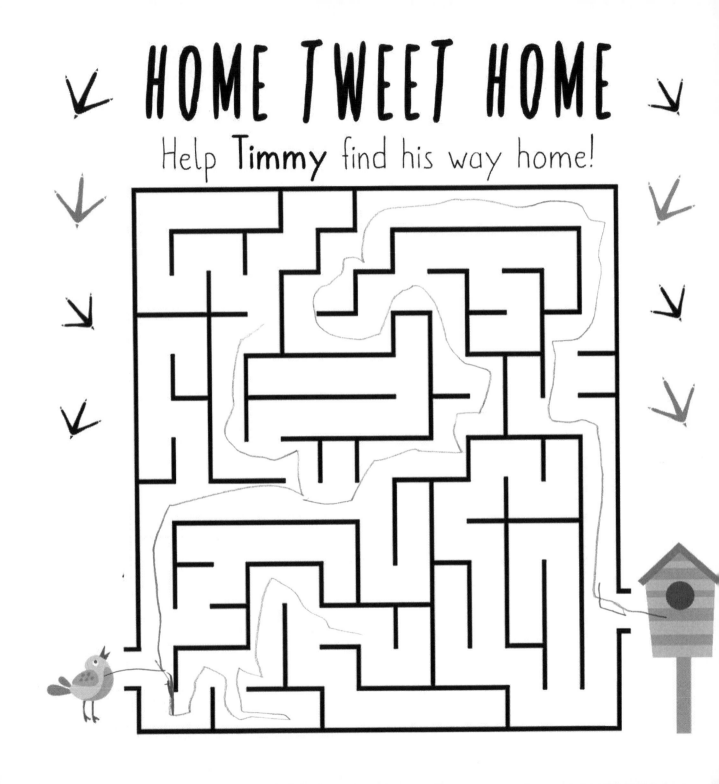

COLOUR THE OWLS

WHAT'S THE BIRD?

H _ M _ I _ _ B _ _ D

_ _ D _ _ R I _ _ R

G O _ D _ _ E _ _ _ E

_ _ _ S E F I _ _ _

K _ N _ _ _ S _ _ R

T _ R _ L _ D V _

_ _ E _ T T _ T

Four words
that sum up a bird

Colour the owls!

SPOT THE DIFFERENCE

CAN YOU SPOT THE FIVE DIFFERENCES?

SPOT THE TWO TWINS!
TWO BIRDS HAVE A TWIN. CAN YOU SPOT THEM?

WHICH BIRD IS WHICH?

CARDINAL   PARAKEET   HOOPOE

CEDAR WAXWING   PLUMBUS   PARROT

DESIGN YOUR DREAM
BIRD RELATED JUMPER!

BIRDSEARCH

B	A	L	D	E	A	G	L	E	I	K	I	U	T
A	L	A	G	L	B	N	O	C	L	A	F	I	L
U	E	V	V	T	L	G	H	S	L	A	D	D	E
K	R	E	U	I	U	A	A	E	H	G	I	F	A
W	T	T	D	L	E	B	U	C	E	A	H	V	O
A	S	P	H	R	T	G	T	O	I	E	W	F	S
H	E	I	P	G	I	U	N	A	B	U	W	K	T
S	K	G	U	L	T	B	R	E	E	M	U	O	E
I	E	L	F	F	R	R	K	E	F	L	R	M	R
R	L	R	F	O	P	O	B	C	I	R	B	A	T
R	G	P	I	A	T	B	F	S	A	W	U	A	C
A	I	A	N	I	G	I	S	P	C	L	U	R	H
H	A	W	L	A	K	N	W	I	L	R	B	R	T
O	L	D	A	U	R	R	U	V	K	R	C	I	M

GOSHAWK
VULTURE
BLACKBIRD
HARRIS HAWK
PUFFIN
PARROT
EMU
BALD EAGLE
GULL
KESTREL
ROBIN
BLUE TIT
FALCON

A HAWK'S BEEN CAUGHT STEALING FOOD.

CAN YOU SPOT THE FOOT PRINT LOCATED AT THE SCENE OF THE CRIME?

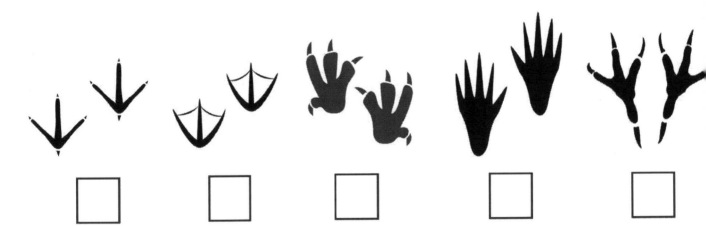

Copy the Scene!

See if you can draw the scene below

GRAB YOUR COLOURING PENCILS!

Bird
• COLLECTION •

BIRDS OR FEATHERS? WHICH ARE THERE **MORE** OF?

BIRD IS THE WORD

B I D R D D I R B D B I D R
R B I R B D R I R B D I R D
I B D R R B R I D B R R I B
B D R I D B I R B R D B I R
D R I R D B D B I B D R D I
B R I D B R R D R I I D R B
B I D R B I D D B R D I R D
D B R I R I B R I R D R B R

CLONE THE OWLS!

See if you can give the owls an identical twin!

BACK TO THE NEST
Which route should he take?

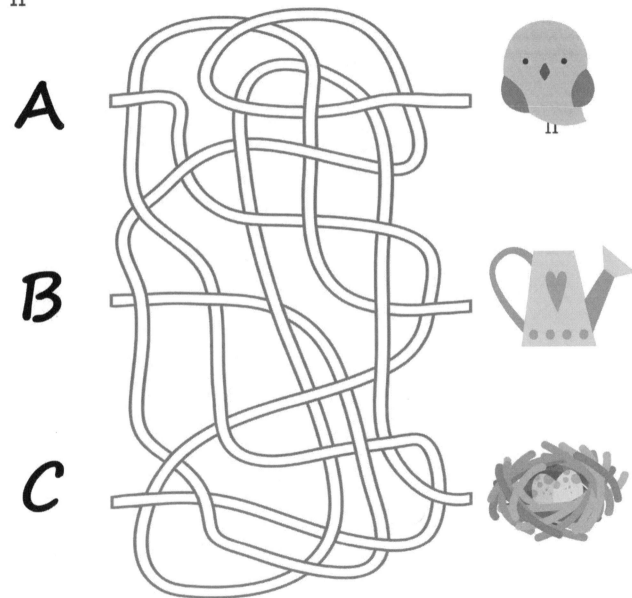

A

B

C

COLOURING TIME!

SPOT THE DIFFERENCE

CAN YOU SPOT THE THREE DIFFERENCES?

THE BIRD CENSUS

Sketch Time!

WHAT'S THE BIRD?

F _ _ M _ _ G _

_ _ UE _ _ T

MO _ _ I _ _ B _ _ D

R _ _ I _ _ ED _ _ EA _ T

S _E _G _U _L L

EA _ T _ R _ BU _ _ A _ D

T _ _ _ Y _ _ L

BIRDS OF NEW ZEALAND

O	H	A	R	R	I	E	R	K	A	I	S	A	K
W	U	W	C	T	T	E	K	E	T	A	P	E	R
A	K	E	S	R	O	R	H	U	P	O	I	E	O
O	A	K	R	P	P	K	A	A	A	A	K	Z	P
E	K	A	A	M	A	R	W	O	R	A	O	L	E
U	T	A	K	P	M	R	K	O	L	N	I	P	R
E	I	A	M	A	K	O	R	W	K	A	O	A	O
R	T	M	I	O	K	K	W	O	T	K	A	R	M
R	A	O	R	U	R	A	O	N	W	I	A	A	E
O	L	A	A	O	H	O	A	R	K	W	A	K	O
K	O	K	A	K	O	F	K	F	E	I	I	E	T
N	O	C	L	A	F	Z	N	T	U	I	A	E	S
O	K	E	K	U	P	A	F	A	E	K	K	T	A
O	E	K	S	O	H	T	W	L	O	A	I	R	W

TUI
KIWI
PUKEKO
MOA
HAWK
FANTAIL
HUIA
KAKA
WEKA
HARRIER
SPARROW
KOROMAKO
PATEKE
KEA
KOKAKO
MOREPORK
NZ FALCON
PARAKEET

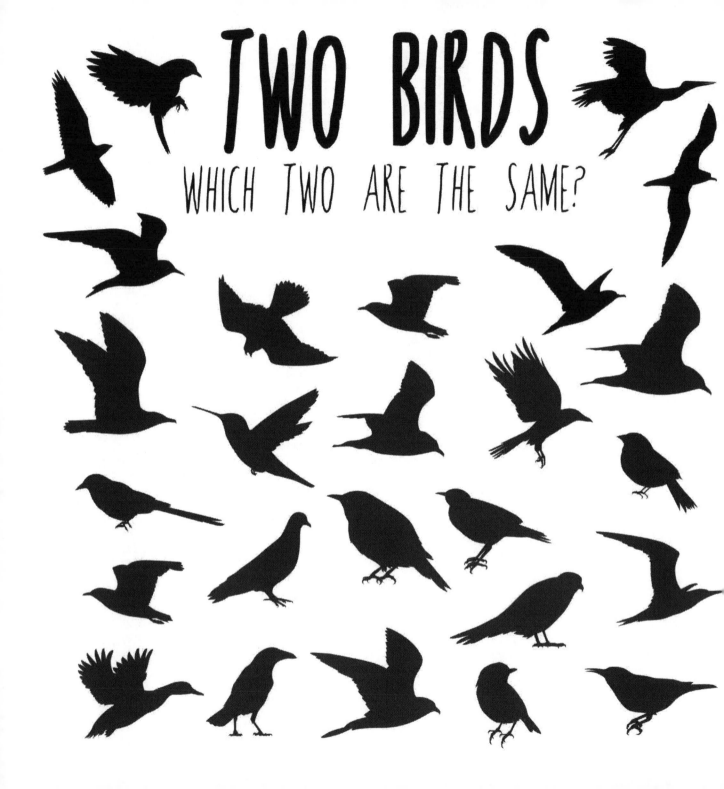

COLOURING TIME!

TWIN TWOO!

THERE ARE THREE SETS OF TWINS
HIDING AMONGST THE TRIPLETS.
CAN YOU SPOT THEM?

SPOT THE DIFFERENCE

CAN YOU SPOT THE THREE DIFFERENCES?

Sketch Time!

WHAT'S THE BIRD?

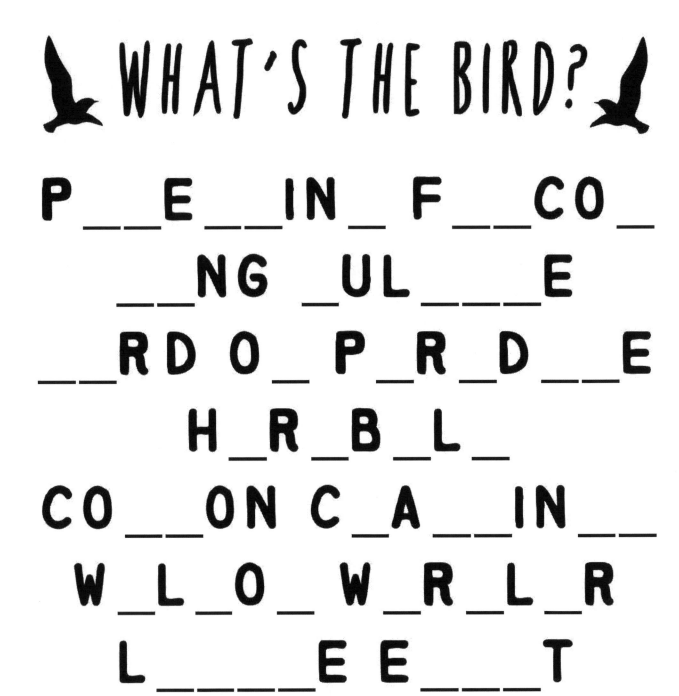

P _ _ E _ _ IN _ F _ _ CO _

_ _ NG _ UL _ _ _ E

_ _ RD O _ P _ R _ D _ _ E

H _ R _ B _ L _

CO _ _ ON C _ A _ _ IN _ _

W _ L _ O _ W R _ L _ R

L _ _ _ _ _ EE _ _ _ T

CLONE THE OWLS!

See if you can give the owls an identical twin!

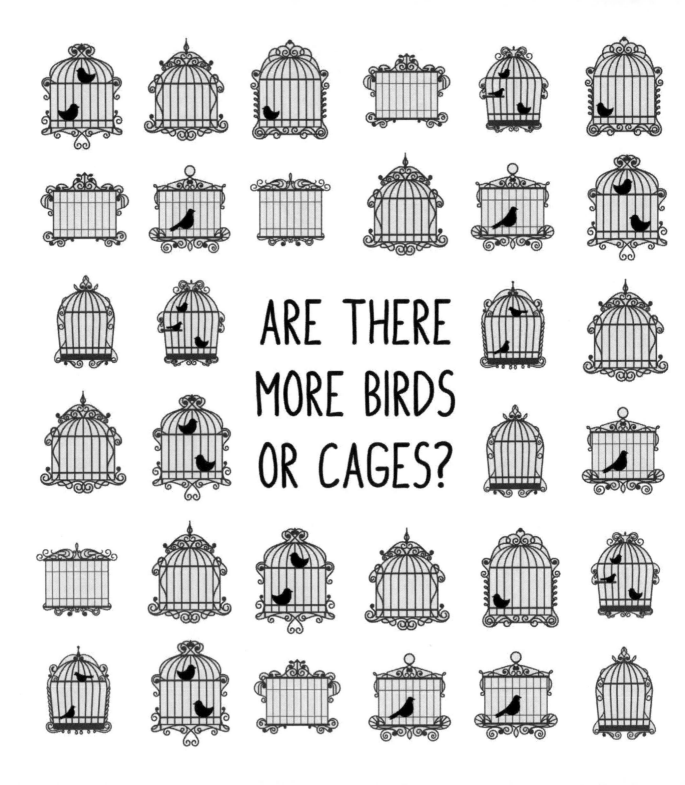

ARE THERE
MORE BIRDS
OR CAGES?

COLOURING TIME!

ANSWERS

🐦 WHAT'S THE BIRD? 🐦

COCKATIEL
MONK PARAKEET
DIAMOND DOVE
YELLOWHEAD
SONG SPARROW
HYACINTH MACAW
ROSELLA

🐦 WHAT'S THE BIRD? 🐦

HUMMINGBIRD
BUDGERIGAR
GOLDEN EAGLE
HOUSE FINCH
KINGFISHER
TURTLE DOVE
GREAT TIT

🐦 WHAT'S THE BIRD? 🐦

FLAMINGO
BLUE TIT
MOCKINGBIRD
ROBIN REDBREAST
SEAGULL
EASTERN BUZZARD
TAWNY OWL

🐦 WHAT'S THE BIRD? 🐦

PEREGRINE FALCON
KING VULTURE
BIRD OF PARADISE
HORNBILL
COMMON CHAFFINCH
WILLOW WARBLER
LITTLE EGRET

SPOT THE DIFFERENCE

BIRD IS THE WORD

```
B I D R D D I R B D B I D R
R B I R B D R I R B D I R D
I B D R R B R I D B R R I B
B D R I D B I R B R D B I R
D R I R D B D B I B D R D I
B R I D B R R D R I I D R B
B I D R B I D D B R D I R D
D B R I R I B R I R D R B R
```

COUNT THE BIRDS
= 62

FIND THE ONE

ONLY ONE OWL AND BIRD ARE UNIQUE. CAN YOU SPOT THEM?

BIRDS OF PREY

R	H	U	N	T	T	W	B	S	P	E	E	F	E
T	B	R	E	R	R	P	O	W	E	R	S	E	A	R
P	H	E	A	A	I	O	S	P	R	E	Y	L	U
V	R	A	A	P	L	E	A	G	L	E	R	C	T
V	G	R	W	K	T	P	E	R	C	H	O	O	L
E	I	E	R	K	C	O	V	D	H	N	T	N	U
R	G	S	N	L	R	S	R	I	G	O	A	E	V
G	C	Y	I	L	N	A	K	S	S	F	D	U	Z
S	L	L	W	O	Z	G	I	L	T	L	E	V	P
U	U	O	L	Z	N	T	T	S	T	E	R	U	W
A	P	A	U	T	R	I	E	E	O	S	P	D	R
R	T	B	H	A	H	N	A	E	H	H	R	L	L
Y	G	O	L	O	H	T	I	H	R	O	Y	R	A
S	N	A	A	K	I	H	O	A	P	K	R	E	T

BIRDS OF NEW ZEALAND

O	H	A	R	R	I	E	R	K	A	I	S	A	K
W	U	W	C	T	T	E	K	E	T	A	P	E	R
A	K	E	S	R	O	R	H	U	P	O	I	E	O
O	A	K	R	P	P	K	A	A	A	A	K	Z	P
E	K	A	A	M	A	R	W	O	R	A	O	L	E
U	T	A	K	P	M	R	K	O	L	N	I	P	R
E	I	A	M	A	K	O	R	W	K	A	O	A	O
R	T	M	I	O	K	K	W	O	T	K	A	R	M
R	A	O	R	U	R	A	O	N	W	I	A	A	E
O	L	A	A	O	H	O	A	R	K	W	A	K	O
K	O	K	A	K	O	F	K	F	E	I	I	E	T
N	O	C	L	A	F	Z	N	T	U	I	A	E	S
O	K	E	K	U	P	A	F	A	E	K	K	T	A
O	E	K	S	O	H	T	W	L	O	A	I	R	W

BIRD SEARCH

B	A	L	D	E	A	G	L	E	I	K	I	U	T
A	L	A	G	L	B	N	O	C	L	A	F	I	L
U	E	V	V	T	L	G	H	S	L	A	D	D	E
K	R	E	U	I	U	A	A	E	H	G	I	F	A
W	T	T	D	L	E	B	U	C	E	A	H	V	O
A	S	P	H	R	T	G	T	O	I	E	W	F	S
H	E	I	P	G	I	U	N	A	B	U	W	K	T
S	K	G	U	L	T	B	R	E	E	M	U	O	E
I	E	L	F	F	R	R	K	E	F	L	R	M	R
R	L	R	F	O	P	O	B	C	I	R	B	A	T
R	G	P	I	A	T	B	F	S	A	W	U	A	C
A	I	A	N	I	G	I	S	P	C	L	U	R	H
H	A	W	L	A	K	N	W	I	L	R	B	R	T
O	L	D	A	U	R	R	U	V	K	R	C	I	M

A HAWK'S BEEN CAUGHT STEALING FOOD.

SPOT THE TWO TWINS!
TWO BIRDS HAVE A TWIN. CAN YOU SPOT THEM?

SPOT THE FEATHER
ONLY ONE FEATHER IS UNIQUE. BUT WHICH?

TWIN TWOO!

THERE ARE THREE SETS OF TWINS HIDING AMONGST THE TRIPLETS. CAN YOU SPOT THEM?

TWIN TWOO!

THERE ARE THREE SETS OF TWINS HIDING AMONGST THE TRIPLETS. CAN YOU SPOT THEM?

TWO BIRDS
WHICH TWO ARE THE SAME?

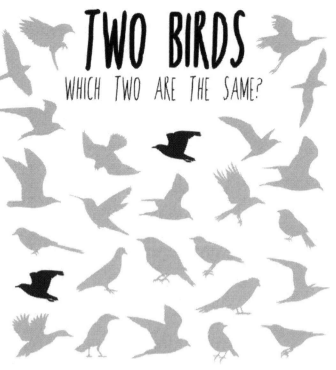

THE BIRD CENSUS

WHICH BIRD APPEARS THE MOST?

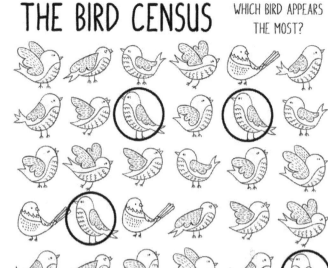

WHICH BIRD IS WHICH?

Blue Jay

Toucan

Saffron Finch

Pink Robin

Blue Nuthatch

WHICH BIRD IS WHICH?

Plumbus

Parrot

Parakeet

Hoopoe

Cedar Waxwing

Cardinal

THE LOST BiRD

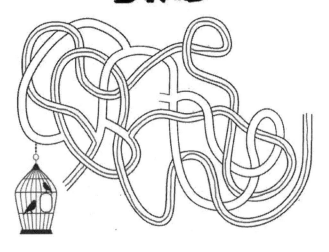

HOME TWEET HOME

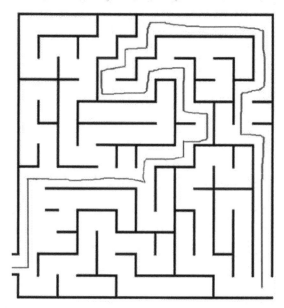

WHICH BIRD GETS TO MEET ITS TWIN = DUCK

MORE BIRDS OR CAGES
THERE ARE MORE CAGES
(31 BIRDS/32 CAGES)

MORE BIRDS OR FEATHERS
THERE ARE MORE BIRDS
(32 FEATHERS/33 BIRDS)

Help the stalk
ANSWER = B

Back to the nest
ANSWER = A

OTHER ACTIVITY BOOKS ALSO AVAILABLE!

DOGS, PUPPIES AND DOGS!

BIRDS, OWLS AND BIRDS!

BUGS, SPIDERS AND INSECTS!

FISH, DOLPHINS AND FISH!

ANIMALS IN THE WILD!

ANIMALS ON THE FARM!

HAPPY HALLOWEEN!

MERRY CHRISTMAS!

SUPERHEROES!

MONSTERS!

Made in the USA
Middletown, DE
20 March 2020